CONTRAT D'ASSOCIATION

LOI

DU 1ᵉʳ JUILLET 1901

modifiée par celles des 4 Décembre 1902 et 17 Juillet 1903

ET COMPLÉTÉE

DES TEXTES ANTÉRIEURS VISÉS PAR CETTE LOI

SUIVIE DES

DÉCRETS

des 16 Août 1901, 28 Novembre 1902, 14 Février 1905

TROISIÈME ÉDITION

PARIS

LIBRAIRIE DES SCIENCES POLITIQUES ET SOCIALES

Marcel RIVIÈRE et Cⁱᵉ

31, rue Jacob et 1, rue Saint-Benoît

1909

CONTRAT D'ASSOCIATION

LOI

DU 1ᴱᴿ JUILLET 1901

modifiée par celles des 4 Décembre 1902 et 17 Juillet 1903

ET COMPLÉTÉE

DES TEXTES ANTÉRIEURS VISÉS PAR CETTE LOI

SUIVIE DES

DÉCRETS

des 16 Août 1901, 28 Novembre 1902, 14 Février 1905

TROISIÈME ÉDITION

PARIS

LIBRAIRIE DES SCIENCES POLITIQUES ET SOCIALES

MARCEL RIVIÈRE ET Cⁱᵉ

31, rue Jacob et 1, rue Saint-Benoît

1909

CONTRAT D'ASSOCIATION

LOI

DU 1er JUILLET 1901

MODIFIÉE

par celles des 4 Décembre 1902 et 17 Juillet 1903

TITRE PREMIER

ARTICLE PREMIER. — L'association est la convention par laquelle deux ou plusieurs personnes mettent en commuun d'une façon permanente leurs connaissances ou leur activité dans un but autre que de partager des bénéfices. Elle est régie, quant à sa validité, par les principes généraux du droit applicables aux contrats et obligations.

ART. 2. — Les associations de personnes pourront se former librement sans autorisation ni déclaration préalable, mais elles ne jouiront de la capacité juridique que si elles se sont conformées aux dispositions de l'article 5.

ART. 3. — Toute association fondée sur une cause ou en vue d'un objet illicite, contraire aux lois, aux bonnes mœurs, ou qui aurait pour but de porter atteinte à l'intégrité du territoire national et à la forme républicaine du Gouvernement, est nulle et de nul effet.

ART. 4. — Tout membre d'une association qui n'est pas formée pour un temps déterminé peut s'en retirer en tout temps, après payement des cotisations échues et de l'année courante, nonobstant toute clause contraire.

Art. 5. — Toute association qui voudra obtenir la capacité juridique prévue par l'article 6 devra être rendue publique par les soins de ses fondateurs.

La déclaration préalable en sera faite à la préfecture du département ou à la sous-préfecture de l'arrondissement où l'association aura son siège social. Elle fera connaître le titre et l'objet de l'association, le siège de ses établissements et les noms, professions et domiciles de ceux qui, à un titre quelconque, sont chargés de son administration et de sa direction. Il en sera donné récépissé.

Deux exemplaires des statuts seront joints à la déclaration.

Les associations sont tenues de faire connaître, dans les trois mois, tous les changements survenus dans leur administration ou direction, ainsi que toutes les modifications apportées à leurs statuts.

Ces modifications et changements ne sont opposables aux tiers qu'à partir du jour où ils auront été déclarés.

Les modifications et changements seront, en outre, consignés sur un registre spécial qui devra être présenté aux autorités administratives ou judiciaires chaque fois qu'elles en feront la demande.

Art. 6. — Toute association régulièrement déclarée peut, sans aucune autorisation spéciale, ester en justice, acquérir à titre onéreux, posséder et administrer, en dehors des subventions de l'Etat, des départements et des communes :

1° Les cotisations de ses membres ou les sommes au moyen desquelles ces cotisations ont été rédimées, ces sommes ne pouvant être supérieures à cinq cents francs (500 fr.) ;

2° Le local destiné à l'administration de l'association et à la réunion de ses membres ;

3° Les immeubles strictement nécessaires à l'accomplissement du but qu'elle se propose.

Art. 7. — En cas de nullité prévue par l'article 3, la dissolution de l'association sera prononcée par le tribunal civil, soit à la requête de tout intéressé, soit à la diligence du ministère public.

En cas d'infraction aux dispositions de l'article 5, la dissolution pourra être prononcée à la requête de tout intéressé ou du ministère public.

Art. 8. — Seront punis d'une amende de seize à deux cents francs (16 à 200 fr.) et, en cas de récidive, d'une amende double, ceux qui auront contrevenu aux dispositions de l'article 5.

Seront punis d'une amende de seize à cinq mille francs (16 à 5.000 fr.) et d'un emprisonnement de six jours à un an, les fondateurs, directeurs ou administrateurs de l'association qui se serait maintenue ou reconstituée illégalement après le jugement de dissolution.

Seront punies de la même peine toutes les personnes qui auront favorisé la réunion des membres de l'association dissoute, en consentant l'usage d'un local dont elles disposent.

Art. 9. — En cas de dissolution volontaire, statutaire ou prononcée par justice, les biens de l'association seront dévolus conformément aux statuts, ou, à défaut de disposition statutaire, suivant les règlees déterminées en assemblée générale.

TITRE II

Art. 10. — Les associations peuvent être reconnues d'utilité publique par décrets rendus en la forme des règlements d'administration publique.

Art. 11. — Ces associations peuvent faire tous les actes de la vie civile qui ne sont pas interdits par leurs statuts, mais elles ne peuvent posséder ou acquérir d'autres immeubles que ceux nécessaires au but qu'elles se proposent. Toutes les valeurs mobilières d'une association doivent être placées en titres nominatifs.

Elles peuvent recevoir des dons et des legs dans les conditions prévues par l'article 910 du code civil (1) et l'article 5 de la loi du 4 février 1901 (2).

---

(1) C. C. 910. — Les dispositions entre-vifs ou par testament, au profit des hospices, des pauvres d'une commune, ou d'établissement d'utilité publique, n'auront leur effet qu'autant qu'elles seront autorisées par une ordonnance royale.

(2) *Loi du 4 février 1901, art. 5.* — L'acceptation des dons et legs faits.

Les immeubles compris dans un acte de donation ou dans une disposition testamentaire qui ne seraient pas nécessaires au fonctionnement de l'association sont aliénés dans les délais et la forme prescrits par le décret ou l'arrêté qui autorise l'acceptation de la libéralité ; le prix en est versé à la caisse de l'association.

Elles ne peuvent accepter une donation mobilière ou immobilière avec réserve d'usufruit au profit du donateur.

Art. 12. — Les associations composées en majeure partie d'étrangers, celles ayant des administrateurs étrangers ou leur siège à l'étranger, et dont les agissements seraient de nature soit à fausser les conditions normales du marché des valeurs ou des marchandises, soit à menacer la sûreté intérieure ou extérieure de l'Etat, dans les conditions prévues par les articles 75 à 101 du code pénal, pourront être dissoutes par décret du Président de la République, rendu en conseil des ministres.

Les fondateurs, directeurs ou administrateurs de l'association qui se serait maintenue ou reconstituée illégalement après le décret de dissolution seront punis des peines portées par l'article 8, paragraphe 2.

TITRE III

Art. 13. — Aucune congrégation religieuse ne peut se former sans une autorisation donnée par une loi qui déterminera les conditions de son fonctionnement.

Elle ne pourra fonder aucun établissement qu'en vertu d'un décret rendu en conseil d'Etat.

La dissolution de la congrégation ou la fermeture de tout établissement pourront être prononcées par décret rendu en conseil des ministres.

---

aux établissements reconnus d'utilité publique est autorisée par le préfet du département où est le siège de l'établissement.

Toutefois, si la donation ou le legs consiste en immeubles d'une valeur supérieure à trois mille francs (3.000 fr.), l'autorisation est accordée par décret en conseil d'Etat.

Art. 14. — Nul n'est admis à diriger, soit directement, soit par personne interposée, un établissement d'enseignement, de quelque ordre qu'il soit, ni à y donner l'enseignement, s'il appartient à une congrégation religieuse non autorisée.

Les contrevenants seront punis des peines prévues par l'article 8, paragraphe 2. La fermeture de l'établissement pourra, en outre, être prononcée par le jugement de condamnation.

Art. 15. — Toute congrégation religieuse tient un état de ses recettes et dépenses ; elle dresse chaque année le compte financier de l'année écoulée et l'état inventorié de ses biens meubles et immeubles.

La liste complète de ses membres, mentionnant leur nom patronymique, ainsi que le nom sous lequel ils sont désignés dans la congrégation, leurs nationalité, âge et lieu de naissance, la date de leur entrée doit se trouver, au siège de la congrégation.

Celle-ci est tenue de représenter sans déplacement, sur toute réquisition du préfet, à lui-même ou à son délégué, les comptes, états et listes ci-dessus indiqués.

Seront punis des peines portées au paragraphe 2 de l'article 8 les représentants ou directeurs d'une congrégation qui auront fait des communications mensongères ou refusé d'obtempérer aux réquisitions du préfet dans les cas prévus par le présent article.

Art. 16. — Toute congrégation formée sans autorisation sera déclarée illicite.

Ceux qui en auront fait partie seront punis des peines édictées à l'article 8, paragraphe 2.

La peine applicable aux fondateurs ou administrateurs sera portée au double.

LOI DU 4 DÉCEMBRE 1902

Seront passibles des peines portées à l'article 8, paragraphe 2 :

1° Tous individus qui, sans être munis de l'autorisation exigée par l'article 13, paragraphe 2, auront ouvert ou dirigé un établissement congréganiste, de quelque nature qu'il soit, que cet établissement appartienne à la congrégation ou à dés tiers, qu'il comprenne un ou plusieurs congréganistes;

2° Tous ceux qui auraient continué à faire partie d'un établissement dont la fermeture aurait été ordonnée conformément à l'article 13, paragraphe 3;

3° Tous ceux qui auront favorisé l'organisation ou le fonctionnement d'un établissement visé par le présent article, en consentant l'usage d'un local dont ils disposent.

ART. 17. — Sont nuls tous actes entre vifs ou testamentaires, à titre onéreux ou gratuit, accomplis soit directement, soit par personne interposée, ou toute autre voie indirecte, ayant pour objet de permettre aux associations légalement ou illégalement formées de se soustraire aux dispositions des articles 2, 6, 9, 11, 13, 14 et 16.

Sont légalement présumées personnes interposées au profit des congrégations religieuses, mais sous réserve de la preuve contraire :

1° Les associés à qui ont été consenties des ventes ou fait des dons ou legs, à moins, s'il s'agit de dons ou legs, que le bénéficiaire ne soit l'héritier en ligne directe du disposant ;

2° L'associé ou la société civile ou commerciale composée en tout ou partie de membres de la congrégation, propriétaire de tout immeuble occupé par l'association;

3° Le propriétaire de tout immeuble occupé par l'association, après qu'elle aura été déclarée illicite.

La nullité pourra être prononcée soit à la diligence du minisnère public, soit à la requête de tout intéressé.

ART. 18. — Les congrégations existantes au moment de la promulgation de la présente loi, qui n'auraient pas été antérieurement autorisées ou reconnues, devront, dans le délai de trois mois, justifier qu'elles ont fait les diligences nécessaires pour se conformer à ses prescriptions.

A défaut de cette justification, elles sont réputées dissoutes de plein droit. Il en sera de même des congrégations auxquelles l'autorisation aura été refusée.

La liquidation des biens détenus par elles aura lieu en justice. Le tribunal, à la requête du ministère public, nommera, pour y procéder, un liquidateur qui aura, pendant toute la durée de la liquidation, tous les pouvoirs d'un administrateur séquestre.

Loi du 17 juillet 1903

Le tribunal qui a nommé le liquidateur est seul compétent pour connaître en matière civile de toute action formée par le liquidateur ou contre lui.

Le liquidateur fera procéder à la vente des immeubles suivant les formes prescrites pour les ventes de biens de mineurs.

Le jugement ordonnant la liquidation sera rendu public dans la forme prescrite pour les annonces légales.

Les biens et valeurs appartenant aux membres de la congrégation antérieurement à leur entrée dans la congrégation, ou qui leur seraient échus depuis, soit par succession *ab intestat* en ligne directe ou collatérale, soit par donation ou legs en ligne directe, leur seront restitués.

Les dons et legs qui leur auraient été faits autrement qu'en ligne directe pourront être également revendiqués, mais à charge par les bénéficiaires de faire la preuve qu'ils n'ont pas été les personnes interposées prévues par l'article 17.

Les biens et valeurs acquis à titre gratuit et qui n'auraient pas été spécialement affectés par l'acte de libéralité à une œuvre d'assistance pourront être revendiqués par le donateur, ses héritiers ou ayants droit du testateur, sans qu'il puisse leur être opposé aucune prescription pour le temps écoulé avant le jugement prononçant la liquidation.

Si les biens et valeurs ont été donnés ou légués en vue de gratifier non les congréganistes, mais de pourvoir à une œuvre d'assistance, ils ne pourront être revendiqués qu'à charge de pourvoir à l'accomplissement du but assigné à la libéralité.

Toute action en reprise ou revendication devra, à peine de forclusion, être formée contre le liquidateur dans le délai de six mois à partir de la publication du jugement. Les jugements rendus contradictoirement avec le liquidateur, et ayant acquis l'autorité de la chose jugée, sont opposables à tous les intéressés.

Passé le délai de six mois, le liquidateur procédera à la vente en justice de tous les immeubles qui n'auraient pas été revendiqués ou qui ne seraient pas affectés à une œuvre d'assistance.

Le produit de la vente, ainsi que toutes les valeurs mobilières, sera déposé à la Caisse des dépôts et consignations.

L'entretien des pauvres hospitalisés sera, jusqu'à l'achèvement de la liquidation, considéré comme frais privilégiés de liquidation.

S'il n'y a pas de contestation ou lorsque toutes les actions formées dans le délai prescrit auront été jugées, l'actif net est réparti entre les ayants droit.

Le règlement d'administration publique visé par l'article 20 de la présente loi déterminera, sur l'actif resté libre après le prélèvement ci-dessus prévu, l'allocation en capital ou sous forme de rente viagère, qui sera attribuée aux membres de la congrégation dissoute qui n'auraient pas de moyens d'existence assurés ou qui justifieraient avoir contribué à l'acquisition des valeurs mises en distribution par le produit de leur travail personnel.

Art. 19. — Les dispositions de l'article 463 du code pénal sont applicables aux délits prévus par la présente loi.

Art. 20. — Un règlement d'administration publique déterminera les mesures propres à assurer l'exécution de la présente loi.

Art. 21. — Sont abrogés les articles 291, 292, 293 du code pénal, ainsi que les dispositions de l'article 294 du même code relatives aux associations; l'article 20 de l'ordonnance du 5-8 juillet 1820; la loi du 10 avril 1834; l'article 13 du décret du 28 juillet 1848; l'article 7 de la loi du 30 juin 1881; la loi du 14 mars 1872; le paragraphe 2, article 2, de la loi du 24 mai 1825 ; le décret du 31 janvier 1852 et généralement toutes les dispositions contraires à la présente loi.

Il n'est en rien dérogé pour l'avenir aux lois spéciales relatives aux syndicats professionnels, aux sociétés de commerce et aux sociétés de secours mutuels.

La présente loi, délibérée et adoptée par le Sénat et par la Chambre des députés, sera exécutée comme loi de l'Etat.

LOI

du 4 Décembre 1902

ARTICLE UNIQUE. — L'article 16 de la loi du 1ᵉʳ juillet 1901 est complété ainsi qu'il suit : (1).

. . . .

. . . .

La présente loi, délibérée et adoptée par le Sénat et par la Chambre des députés, sera exécutée comme loi de l'Etat.

LOI

du 17 Juillet 1903

ARTICLE UNIQUE. — Le paragraphe 3 de l'article 18 de la loi du 1ᵉʳ juillet 1901 relative au contrat d'association est complété de la manière suivante : (2).

. . . .

. . . .

La présente loi, délibérée et adoptée par le Sénat et par la Chambre des députés, sera exécutée comme loi de l'Etat.

---

(1) Voir page 5.
(2) Voir page 7.

DÉCRET

DU 16 AOUT 1901

*Modifié par ceux des 28 Novembre 1902
et 14 Février 1905*

Pour l'exécution de l'art. 20 de la Loi du 1er Juillet 1901

TITRE PREMIER

Des Associations

CHAPITRE PREMIER

ASSOCIATIONS DÉCLARÉES

ARTICLE PREMIER. — La déclaration prévue par l'article 5, paragraphe 2, de la loi du 1er juillet 1901 est faite par ceux qui, à un titre quelconque, sont chargés de l'administration ou de la direction de l'association.

Dans le délai d'un mois, elle est rendue publique par leurs soins, au moyen de l'insertion au *Journal officiel* d'un extrait contenant la date de la déclaration, le titre et l'objet de l'association, ainsi que l'indication de son siège social.

L'extrait est reproduit par les soins du préfet au *Recueil des actes administratifs de la préfecture*.

ART. 2. — Toute personne a droit de prendre communication sans déplacement, au secrétariat de la préfecture ou de la sous-préfecture, des statuts et déclarations ainsi que des pièces faisant connaître les modifications de statuts et les changements survenus dans l'administration ou la direction. Elle peut même s'en faire délivrer, à ses frais, expédition ou extrait.

ART. 3. — Les déclarations relatives aux changements sur-

venus dans l'administration ou la direction de l'association
mentionnent :

1° Les changements de personnes chargées de l'administration ou de la direction ;

2° Les nouveaux établissements fondés ;

3° Le changement d'adresse dans la localité où est situé le
siège social ;

4° Les acquisitions ou aliénations du local et des immeubles
spécifiés à l'article 6 de la loi du 1er juillet 1901 ; un état des-
criptif, en cas d'acquisition, et l'indication des prix d'acquisition ou d'aliénation doivent être joints à la déclaration.

Art. 4. — Pour le département de la Seine, les déclarations
et les dépôts de pièces annexées sont faits à la préfecture de
police.

Art. 5. — Le récépissé de toute déclaration contient l'énu-
mération des pièces annexées ; il est daté et signé par le
préfet ou son délégué ou par le sous-préfet.

Art. 6. — Les modifications apportées aux statuts et les
changements survenus dans l'administration ou la direction
de l'association sont transcrits sur un registre tenu au siège
de toute association déclarée ; les dates des récépissés rela-
tifs aux modifications et changements sont mentionnées au
registre.

La présentation dudit registre aux autorités administratives ou judiciaires, sur leur demande, se fait sans déplacement au siège social.

Art. 7. — Les unions d'associations ayant une administration ou une direction centrale sont soumises aux dispositions
qui précèdent. Elles déclarent, en outre, le titre, l'objet et le
siège des associations qui les composent. Elles font connaître dans les trois mois les nouvelles associations adhérentes.

CHAPITRE II

ASSOCIATIONS RECONNUES D'UTILITÉ PUBLIQUE

Art. 8. — Les associations qui sollicitent la reconnaissance
d'utilité publique doivent avoir rempli, au préalable, les formalités imposées aux associations déclarées.

Art. 9. — La demande en reconnaissance d'utilité publique est signée de toutes les personnes déléguées à cet effet par l'assemblée générale.

Art. 10. — Il est joint à la demande :

1° Un exemplaire du *Journal officiel* contenant l'extrait de la déclaration ;

2° Un exposé indiquant l'origine, le développement, le but d'intérêt public de l'œuvre ;

3° Les statuts de l'association en double exemplaire ;

4° La liste de ses établissements avec indication de leur siège ;

5° La liste des membres de l'association avec l'indication de leur âge, de leur nationalité, de leur profession et de leur domicile, ou, s'il s'agit d'une union, la liste des associations qui la composent avec l'indication de leur titre, de leur objet et de leur siège ;

6° Le compte financier du dernier exercice ;

7° Un état de l'actif mobilier et immobilier et du passif ;

8° Un extrait de la délibération de l'assemblée générale autorisant la demande en reconnaissance d'utilité publique.

Ces pièces sont certifiées sincères et véritables par les signataires de la demande.

Art. 11. — Les statuts contiennent :

1° L'indication du titre de l'association, de son objet, de sa durée et de son siège social ;

2° Les conditions d'admission et de radiation de ses membres ;

3° Les règles d'organisation et de fonctionnement de l'association et de ses établissements, ainsi que la détermination des pouvoirs conférés aux membres chargés de l'administration ou de la direction, les conditions de modification des statuts et de la dissolution de l'association ;

4° L'engagement de faire connaître dans les trois mois à la préfecture ou à la sous-préfecture tous les changements survenus dans l'administration ou la direction et de présenter sans déplacement les registres et pièces de comptabilité sur toute réquisition du préfet, à lui-même ou à son délégué ;

5° Les règles suivant lesquelles les biens seront dévolus en cas de dissolution volontaire, statutaire prononcée en justice ou par décret ;

6° Le prix maximum des rétributions qui seront perçues à un titre quelconque dans les établissements de l'association où la gratuité n'est pas complète.

ART. 12. — La demande est adressée au ministre de l'intérieur ; il en est donné récépissé daté et signé avec indication des pièces jointes.

Le ministre fait procéder, s'il y a lieu, à l'instruction de la demande, notamment en provoquant l'avis du conseil municipal de la commune où l'association est établie et un rapport du préfet.

Après avoir consulté les ministres intéressés, il transmet le dossier au Conseil d'Etat.

ART. 13. — Une copie du décret de reconnaissance d'utilité publique est transmise au préfet ou au sous-préfet pour être jointe au dossier de la déclaration ; ampliation du décret est adressée par ses soins à l'association reconnue d'utilité publique.

CHAPITRE III

DISPOSITIONS COMMUNES AUX ASSOCIATIONS DÉCLARÉES ET AUX ASSOCIATIONS RECONNUES D'UTILITÉ PUBLIQUE

ART. 14. — Si les statuts n'ont pas prévu les conditions de liquidation et de dévolution des biens d'une association en cas de dissolution, par quelque mode que ce soit, ou si l'assemblée générale qui a prononcé la dissolution volontaire n'a pas pris de décision à cet égard, le tribunal, à la requête du ministère public, nomme un curateur. Ce curateur provoque, dans le délai déterminé par le tribunal, la réunion d'une assemblée générale dont le mandat est uniquement de statuer sur la dévolution des biens ; il exerce les pouvoirs conférés par l'article 813 du code civil aux curateurs des successions vacantes.

ART. 15. — Lorsque l'assemblée générale est appelée à se prononcer sur la dévolution des biens, quel que soit le mode de dévolution, elle ne peut, conformément aux dispositions de l'article 1ᵉʳ de la loi du 1ᵉʳ juillet 1901, attribuer, aux associés, en dehors de la reprise des apports, une part quelconque des biens de l'association.

TITRE II

Des Congrégations religieuses et de leurs établissements

CHAPITRE PREMIER

CONGRÉGATIONS RELIGIEUSES

Section I. — Demandes en autorisation

ART. 16. — Les demandes en autorisation adressées au Gouvernement dans le délai de trois mois à partir de la promulgation de la loi du 1ᵉʳ juillet 1901, tant par des congrégations existantes et non autorisées que par des personnes désirant fonder une congrégation nouvelle, restent soumises aux dispositions de l'arrêté ministériel du 1ᵉʳ juillet 1901 susvisé.

Les demandes en autorisation adressées au Gouvernement après ce délai de trois mois, en vue de la fondation d'une congrégation nouvelle, sont soumises aux conditions contenues dans les articles ci-après.

ART. 17. — La demande est adressée au ministre *des cultes* (1). Elle est signée de tous les fondateurs et accompagnée des pièces de nature à justifier l'identité des signataires.

Il en est donné récépissé daté et signé avec indication des pièces jointes.

ART. 18. — Il est joint à la demande :

1° Deux exemplaires du projet de statuts de la congrégation ;

2° L'état des apports consacrés à la fondation de la congrégation et des ressources destinées à son entretien ;

---

(1) Modification apportée par Décret du 14 février 1905.

3° La liste des personnes qui, à un titre quelconque, doivent faire partie de la congrégation et de ses établissements, avec indication de leurs nom, prénoms, âge, lieu de naissance et nationalité. Si l'une de ces personnes a fait antérieurement partie d'une autre congrégation, il est fait mention sur la liste du titre, de l'objet et du siège de cette congrégation, des dates d'entrée et de sortie et du nom sous lequel la personne y était connue.

Ces pièces sont certifiées sincères et véritables par l'un des signataires de la demande ayant reçu mandat des autres à cet effet.

ART. 19. — Les projets de statuts contiennent les mêmes indications et engagements que ceux des associations reconnues d'utilité publique, sous réserve des dispositions de l'article 7 de la loi du 24 mai 1825 (1) sur la dévolution des biens en cas de dissolution.

L'âge, la nationalité, le stage et la contribution pécuniaire maximum exigée à titre de souscription, cotisation, pension ou dot, sont indiqués dans les conditions d'admission que doivent remplir les membres de la congrégation.

Les statuts contiennent en outre :

1° La soumission de la congrégation et de ses membres à la juridiction de l'ordinaire ;

---

(1) *Loi du 24 mai 1825, art. 7.* — En cas d'extinction d'une congrégation ou maison religieuse de femmes, ou de révocation de l'autorisation qui lui aurait été accordée, les biens acquis par donation entre vifs ou par disposition à cause de mort feront retour aux donateurs ou à leurs parents au degré successible, ainsi qu'à ceux des testateurs au même degré.

Quant aux biens qui ne feraient pas retour, ou qui auraient été acquis à titre onéreux, ils seront attribués et répartis, moitié aux établissements ecclésiastiques, moitié aux hospices des départements dans lesquels seraient situés les établissements éteints.

La transmission sera opérée avec les charges et obligations imposées aux précédents possesseurs.

Dans le cas de révocation prévu par le premier paragraphe, les membres de la congrégation ou maison religieuse de femmes auront droit à une pension alimentaire, qui sera prélevée : 1° sur les biens acquis à titre onéreux ; 2° subsidiairement sur les biens acquis à titre gratuit, lesquels, dans ce cas, ne feront retour aux familles des donateurs ou testateurs qu'après l'extinction desdites pensions.

2° L'indication des actes de la vie civile que la congrégation pourra accomplir avec ou sans autorisation, sous réserve des dispositions de l'article 4 de la loi du 24 mai 1825 (1) ;

3° L'indication de la nature de ses recettes et de ses dépenses et la fixation du chiffre au-dessus duquel les sommes en caisse doivent être employées en valeurs nominatives et du délai dans lequel l'emploi devra être fait.

Art. 20. — La demande doit être accompagnée d'une déclaration par laquelle l'évêque du diocèse s'engage à prendre la congrégation et ses membres sous sa juridiction.

Section II. — Instruction des demandes

Art. 21. — Le ministre fait procéder à l'instruction des demandes mentionnées en l'article 16 du présent réglement, notamment en provoquant l'avis du conseil municipal de la commune dans laquelle est établie ou doit s'établir la congrégation et un rapport du préfet.

Après avoir consulté les ministres intéressés, il soumet à l'une ou l'autre des deux Chambres les demandes de congrégations (2).

CHAPITRE II

ÉTABLISSEMENTS DÉPENDANT D'UNE CONGRÉGATION RELIGIEUSE AUTORISÉE

Section I. — Demandes en autorisation

Art. 22. — Toute congrégation déjà régulièrement autorisée à fonder un ou plusieurs établissements et qui veut en fonder un nouveau doit présenter une demande signée par

---

(1) *Loi du 24 mai 1825, art. 4.* — Les établissements dûment autorisés pourront, avec l'autorisation spéciale du Roi,

1° Accepter les biens meubles et immeubles qui leur auraient été donnés par actes entre vifs ou par acte de dernière volonté, à titre particulier seulement ;

2° Acquérir à titre onéreux des biens immeubles ou des rentes ;

3° Aliéner les biens immeubles ou les rentes dont ils seraient propriétaires.

(2) Modification apportée par Décret du 28 novembre 1902.

les personnes chargées de l'administration ou de la direction de la congrégation.

La demande est adressée au ministre *des cultes* (1). Il en est donné récépissé daté et signé avec indication des pièces jointes.

Art. 23. — Il est joint à la demande :

1° Deux exemplaires des statuts de la congrégation ;

2° Un état de ses biens meubles et immeubles, ainsi que de son passif ;

3° L'état des fonds consacrés à la fondation de l'établissement et des ressources destinées à son fonctionnement ;

4° La liste des personnes qui, à un titre quelconque, doivent faire partie de l'établissement (la liste est dressée conformément aux dispositions de l'article 18, 3°) ;

5° L'engagement de soumettre l'établissement et ses membres à la juridiction de l'ordinaire du lieu.

Ces pièces sont certifiées sincères et véritables par l'un des signataires de la demande ayant reçu mandat des autres à cet effet.

La demande est accompagnée d'une déclaration par laquelle l'évêque du diocèse où doit être situé l'établissement s'engage à prendre sous sa juridiction cet établissement et ses membres.

Section II. — Instruction des demandes

Art. 24. — Le ministre fait procéder, s'il y a lieu, à l'instruction, notamment en provoquant l'avis du conseil municipal de la commune où l'établissement doit être ouvert et les rapports des préfets, tant du département où la congrégation a son siège que de celui où doit se trouver l'établissement.

Le décret d'autorisation règle les conditions spéciales du fonctionnement de l'établissement.

---

(1) Modification apportée par Décret du 14 février 1905.

CHAPITRE III

DISPOSITIONS COMMUNES AUX CONGRÉGATIONS RELIGIEUSES
ET A LEURS ÉTABLISSEMENTS

Art. 25. — En cas de refus d'autorisation d'une congrégation ou d'un établissement, la décision est notifiée aux demandeurs par les soins du ministre *des cultes* (1) et par la voie administrative.

En cas d'autorisation d'une congrégation, le dossier est retourné au préfet du département où la congrégation a son siège.

En cas d'autorisation d'un établissement, le dossier est transmis au préfet du département où est situé l'établissement. Avis de l'autorisation est donné par le ministre *des cultes* (2) au préfet du département où la congrégation dont dépend l'établissement a son siège.

Ampliation de la loi ou du décret d'autorisation est transmise par le préfet aux demandeurs.

Art. 26. — Les congrégations inscrivent, sur des registres séparés, les comptes, états et listes qu'elles sont obligées de tenir en vertu de l'article 15 de la loi du 1er juillet 1901.

TITRE III

Dispositions générales et dispositions transitoires

Art. 27. — Chaque préfet consigne par ordre de date sur un registre spécial toutes les autorisations de tutelles ou autres qu'il est chargé de notifier et, quand ces autorisations sont données sous sa surveillance et son contrôle, il y mentionne expressément la suite qu'elles ont reçue.

Art. 28. — Les actions en nullité ou en dissolution formées d'office par le ministère public en vertu de la loi du 1er juillet

---

(1) Modification apportée par Décret du 14 février 1905.
(2) Modification apportée par Décret du 14 février 1905.

1901 sont introduites au moyen d'une assignation donnée à ceux qui sont chargés de la direction ou de l'administration de l'association ou de la congrégation.

Tout intéressé, faisant ou non partie de l'association ou de la congrégation, peut intervenir dans l'instance.

ART. 29. — Dans tout établissement d'enseignement privé, de quelque ordre qu'il soit, relevant ou non d'une association ou d'une congrégation, il doit être ouvert un registre spécial destiné à recevoir les nom, prénoms, nationalité, date et lieu de naissance des maîtres et employés, l'indication des emplois qu'ils occupaient précédemment et des lieux où ils ont résidé, ainsi que la nature et la date des diplômes dont ils sont pourvus.

Le registre est représenté sans déplacement aux autorités administratives, académiques ou judiciaires, sur toute réquisition de leur part.

ART. 30. — Les dispositions des articles 2 à 6 du présent règlement sont applicables aux associations reconnues d'utilité publique et aux congrégations religieuses.

ART. 31. — Les registres prévus aux articles 6 et 26 sont cotés par première et par dernière et paraphés sur chaque feuille par le préfet ou son délégué ou par le sous-préfet, et le registre prévu à l'article 29 par l'inspecteur d'académie ou son délégué. Les inscriptions sont faites de suite et sans aucun blanc.

ART. 32. — Pour les associations déclarées depuis la promulgation de la loi du 1ᵉʳ juillet 1901, le délai d'un mois prévu à l'article 1ᵉʳ du présent règlement ne court que du jour de la promulgation dudit règlement.

ART. 33. — Les associations ayant déposé une demande en reconnaissance d'utilité publique antérieurement au 1ᵉʳ juillet 1901 devront compléter les dossiers, conformément aux dispositions des articles 10 et 11.

Toutefois, les formalités de déclaration et de publicité au *Journal officiel* ne seront pas exigées d'elles.

ART. 34. — Le *ministre de l'intérieur* et le *ministre des cultes* sont chargés (1) de l'exécution du présent décret, qui sera publié au *Journal officiel* et inséré au *Bulletin des lois*.

---

(1) Modification apportée par Décret du 14 février 1905.

DÉCRET

DU 16 AOUT 1901

Modifié par celui du 14 Février 1905

Pour l'exécution de l'art. 18 de la Loi du 1ᵉʳ Juillet 1901

CHAPITRE PREMIER

LIQUIDATION DES BIENS DÉTENUS PAR LES CONGRÉGATIONS NON AUTORISÉES

ARTICLE PREMIER. — Le ministère public assure dans l'arrondissement où siège le tribunal ainsi que dans chacun des arrondissements où sont situés des établissements de la congrégation, la publicité du jugement qui a nommé le liquidateur.

ART. 2. — Le greffier du tribunal adresse sur-le-champ, au juge de paix du canton dans lequel la congrégation dissoute a son siège et aux juges de paix des cantons dans lesquels sont situés les établissements de cette congrégation, avis de la disposition du jugement si l'apposition des scellés a été ordonnée. Les juges de paix y procèdent sans retard.

ART. 3. — Dans les trois jours, le liquidateur requiert la levée des scellés et procède à l'inventaire des biens.

Dans la quinzaine de son entrée en fonctions, le liquidateur est tenu de remettre, au procureur de la République de l'arrondissement dans lequel la congrégation a son siège, un mémoire ou compte sommaire de l'actif et du passif de la congrégation dissoute. Un double est en même temps adressé au directeur des domaines du département dans lequel est située la congrégation.

S'il n'a pas été possible au liquidateur de remettre le mémoire dans le délai prescrit, il fait connaître au procureur de la République et au directeur des domaines les causes du retard.

Art. 4. — Lorsque les deniers détenus par la congrégation dissoute ne peuvent suffire immédiatement aux frais du jugement nommant le liquidateur, de l'insertion de ce jugement dans les journaux, d'apposition de scellés, l'avance de ces frais est faite par le Trésor public. Ils sont payés, taxés et recouvrés conformément aux dispositions de l'article 121 du décret du 18 juin 1811 (1).

Art. 5. — Le liquidateur dépose à la Caisse des dépôts et consignations le produit des ventes au fur et à mesure de leur réalisation. Il prélève sur les fonds déposés les sommes nécessaires pour payer les dettes et pourvoir aux frais de la liquidation.

La Caisse des dépôts et consignations est valablement libérée par les payements qu'elle fait avec le consentement du liquidateur, mais elle ne peut solder les émoluments de celui-ci que sur le vu d'une décision judiciaire.

CHAPITRE II

LIQUIDATION DES ALLOCATIONS ATTRIBUÉES AUX MEMBRES DES CONGRÉGATIONS NON AUTORISÉES

Art. 6. — L'allocation attribuée, par application de la dernière disposition de l'article 18 de la loi du 1er juillet 1901, aux membres des congrégations dissoutes, est établie de la manière suivante :

Si le membre de la congrégation est dépourvu de moyens suffisants d'existence, l'allocation est égale au capital qu'il serait nécessaire d'aliéner, d'après les tarifs de la caisse nationale des retraites pour la vieillesse, en vue de constituer à son profit une rente annuelle et viagère calculée d'après ses besoins alimentaires, en tenant compte de son âge, de son état de santé et de ses ressources personnelles et sans que la quo-

---

(1) *Décret du 18 juin 1811, art. 121.* — Les frais des actes et procédures faits sur la poursuite d'office du ministère public, dans les cas prévus par le Code Napoléon, et notamment par les articles 50, 53, 81, 184, 191 et 192, relativement aux actes de l'état civil, seront payés, taxés et recouvrés ainsi qu'il est dit dans le chapitre précédent.

tité de cette rente puisse excéder mille deux cents francs
(1.200 fr.) par an.

S'il a contribué par son travail à l'acquisition des valeurs
mises en distribution, l'allocation est égale à la somme qu'il
aurait pu économiser en vivant hors de la congrégation, dans
les conditions de tout travailleur libre, sans que l'évaluation
de ce pécule puisse excéder mille deux cents francs (1.200 fr.)
par an et donner lieu à aucun rappel d'intérêts.

S'il réunit les deux conditions exigées dans les paragraphes
précédents, l'allocation est calculée sur la base qui lui est la
plus favorable, et le maximum qu'elle comporte est élevé d'un
tiers.

A moins de circonstances exceptionnelles, l'allocation est
convertie par les soins de la Caisse des dépôts et consignations
en une rente annuelle et viagère, incessible et insaisissable,
servie par une Compagnie d'assurances désignée par l'intéressé.

ART. 7. — Tout membre d'une congrégation prétendant à
une allocation doit former sa demande dans le délai de six
mois à dater de la publication du jugement nommant le liquidateur.

Cette demande est rédigée sur timbre, sous forme de requête
adressée au ministre de l'intérieur. Elle contient l'exposé des
faits qui la motivent, l'indication des nom, prénoms et domicile de l'intéressé. Elle est revêtue de sa signature légalisée et
déposée par lui ou son mandataire à la préfecture du département où est situé l'établissement congréganiste dont il fai-
sait partie. Elle peut être accompagnée de pièces justificatives.

Il en est donné récépissé daté et signé avec indication, s'il
y a lieu, des pièces jointes.

Toute requête qui ne sera pas présentée dans les conditions
sus-indiquées ne sera pas recevable.

ART. 8. — Le préfet demande successivement à l'évêque, au
directeur des domaines et au liquidateur leurs avis respectifs.
Il les joint à la requête et à ses annexes. Il transmet le tout au
vice-président du Conseil de préfecture; ce magistrat examine
la régularité de l'instruction, la valeur des pièces produites,
provoque au besoin un complément d'information et formule,
s'il y a lieu, ses propositions quant à la quotité de l'allocation.

Les attributions conférées par le présent article au préfet et au vice-président du Conseil de préfecture sont exercées à Paris, par le préfet de la Seine et par un membre du Conseil de préfecture.

Art. 9. — Le dossier ainsi constitué est transmis par le préfet, avec son avis, au ministre *des cultes* (1).

Lorsque toutes les demandes formées par les membres d'une même congrégation sont instruites, ce ministre les soumet, avec l'avis du ministre des finances, à l'examen de la section des finances du Conseil d'Etat.

Sur le vu de l'avis de la section, le ministre arrête la somme maximum pouvant être attribuée à chaque congréganiste.

Dans le cas où les ressources de la liquidation ne permettraient pas le payement intégral de toutes ces allocations, le ministre répartit le montant des fonds disponibles entre les intéressés au prorata des sommes portées sur l'arrêté.

Cette répartition ne devient définitive qu'après avoir reçu l'approbation du ministre des finances.

Art. 10. — Le ministre *des cultes* (2) notifie à chaque intéressé :

1° Le montant de la somme qui lui est attribuée à titre d'allocation ;

2° Le montant de celle qui lui est attribuée à titre de provision ;

3° Le mode de règlement, soit en capital, soit en rente viagère.

Il lui délivre sur la Caisse des dépôts et consignations, soit un mandat de payement si l'allocation doit être versée en espèces, soit un mandat d'emploi si elle doit être convertie en rente viagère, conformément à la dernière disposition de l'article 6 du présent règlement.

L'un et l'autre de ces mandats sont contresignés par le ministre des finances.

Art. 11. — Lorsque le reliquat de l'actif net est définitivement fixé, le ministre procède, en faveur des congréganistes qui n'ont reçu qu'une provision, à une nouvelle répartition

---

(1) Modifié par décret du 14 février 1905.
(2) Modifié par décret du 14 février 1905.

dans la forme ci-dessus indiquée, jusqu'à concurrence de l'actif disponible ou de la somme qui leur reste due.

Art. 12. — Lorsque toutes les opérations de la liquidation sont terminées, *le liquidateur* (1) *adresse au ministre des cultes et au ministre des finances la copie de ses comptes et* l'extrait du jugement qui les homologue.

Art. 13. — Les décisions ministérielles prises par application des dispositions contenues dans le présent chapitre ne peuvent être attaquées que pour excès de pouvoir.

Art. 14. — Le *ministre des cultes* (2) est chargé de l'exécution du présent décret, qui sera publié au *Journal officiel* et inséré au *Bulletin des lois*.

------

(1) Modifié par décret du 14 février 1905.
(2) Modifié par décret du 14 février 1905.

DÉCRET

DU 28 NOVEMBRE 1902

qui modifie le paragraphe 2 de l'article 21 du décret
du 16 Août 1901

ARTICLE PREMIER. — Le paragraphe 2 de l'article 21 du décret du 16 août 1901, portant règlement d'administration publique pour l'exécution de la loi du 1er juillet 1901, relative au contrat d'association, est modifié ainsi qu'il suit :

« Après avoir consulté les ministres intéressés, il soumet à l'une ou l'autre des deux Chambres les demandes des congrégations. »

ART. 2. — Le président du Conseil, ministre de l'intérieur et des cultes, est chargé de l'exécution du présent décret, qui sera inséré au *Bulletin des lois* et publié au *Journal officiel.*

DÉCRET

DU 14 FÉVRIER 1905

qui modifie le décret du 16 Août 1901

ARTICLE PREMIER. — Les articles 7, 9, 10, 12 et 14 du décret susvisé du 16 août 1901 sont modifiés ainsi qu'il suit (1) :

. . . .

. . . .

ART. 2. — Le ministre de l'instruction publique, des beaux-arts et des cultes, et le ministre de l'intérieur sont chargés,

---

(1) Voir page 22 à 24.

chacun en ce qui le concerne, de l'exécution du présent décret, qui sera publié au *Journal officiel* et inséré au *Bulletin des lois.*

DÉCRET

DU 14 FÉVRIER 1905

qui modifie le décret du 16 Août 1901, modifié par celui du 28 Novembre 1902, et transfère au Ministre des cultes les attributions conférées au Ministre de l'intérieur, en matière de Congrégations.

ARTICLE PREMIER. — Les articles 17, 22, 25 et 34 du décret susvisé du 16 août 1901, modifié par celui du 28 novembre 1902, sont modifiés ainsi qu'il suit (1) :

.   .   .   .

ART. 2. — Le ministre de l'instruction publique, des beaux-arts et des cultes, et le ministre de l'intérieur sont chargés, chacun en ce qui le concerne, de l'exécution du présent décret, qui sera publié au *Journal officiel* et inséré au *Bulletin des lois.*

---

(1) Voir pages 14, 16, 19.

TABLE DES MATIÈRES

Publication des Lois et Décrets

LIBRAIRIE MARCEL RIVIÈRE ET Cᴵᴱ

31, Rue Jacob, PARIS (6ᵉ)

Imp. coop. ouvr., Villeneuve-Saint-Georges. — Tél. 32.

Accidents du Travail. — Loi du 9 avril 1898, modifiée par les lois du 22 mars 1902 et du 31 mars 1905. Loi du 30 juin 1899, accidents agricoles. Loi du 16 avril 1906, exploitations commerciales. Décrets d'administration publique. 1 brochure in-8 de 40 pages. Prix.. o fr. 50

Accidents du Travail. — Arrêté du 30 septembre 1905, fixant le tarif des frais médicaux et pharmaceutiques en matière d'accidents du travail. 1 brochure in-8.................... o fr. 75

Assistance aux Vieillards. — Instruction du 16 avril 1906 suivie de la loi du 14 juillet 1905. Décret du 14 avril 1906 et annexes. 1 brochure in-8.................................. 1 fr. 75

Boissons et Spiritueux. — Loi du 29 décembre 1900. Loi du 6 août 1905 relative à la répression de la fraude sur les vins. Loi du 30 janvier 1907 sur les spiritueux. Lois et décrets de 1907 sur le mouillage et le sucrage, complétés des lois antérieures mises en vigueur par les présentes. 1 brochure in-8 de 44 pages .... o fr. 75

Bouilleurs de cru. — Lois des 31 mars 1903, 22 avril 1905, 27 février et 17 avril 1906. Arrêté ministériel du 2 avril 1903 et décrets du 19 août 1903. 1 brochure in-8 de 30 pages. o fr. 50

Brevets d'invention. — Loi du 3 mai 1841, modifiée par celles du 31 mai 1856 et du 7 avril 1902 et arrêté ministériel du 11 août 1903. 1 brochure in-8 de 24 pages.................. o fr. 50

Bureaux de placement. — Loi du 14 mars 1904 relative au placement des ouvriers et employés des deux sexes et de toutes professions. 1 brochure in-8.................... o fr. 50

Caisses d'épargne. — Histoire et Législation, par Chevauchez, rédacteur au Sous-Secrétariat des Postes. In-8 broché. 1 fr. 50

Caisses de secours contre le chômage. — Décret du 9 septembre 1905, précédé d'un rapport du Ministre du Commerce et du Ministre des Finances. 1 brochure in-8............ o fr. 50

Chemins de fer d'intérêt local et tramways. — Lois, Décrets, Règlements et Circulaires. 1 vol. in-8 de 220 pages. 2 fr. 50

Conseils de prud'hommes. — Loi du 27 mars 1907, complétée des textes et articles des codes mis en vigueur par la présente loi. 1 brochure in-8 de 32 pages.................... o fr. 50

Contrat d'association. — Loi du 1er juillet 1901, modifiée par celles des 4 décembre 1902 et 17 juillet 1903, suivie des décrets des 16 août 1901, 28 novembre 1902, 14 février 1905, et circulaire ministérielle. 1 brochure in-8 de 46 pages..... o fr. 50

Distributions d'énergie électrique. — Loi du 15 juin 1906, suivie de celle du 25 juin 1895, brochure in-8............ o fr. 50

Douanes. — Tableau des droits d'entrée et de sortie inscrits au Tarif des douanes. Tarif général et Tarif minimum, édition mise à jour. 1 vol. in-4.................................. 5 fr. »

Fraudes et Falsifications dans la vente des Marchandises, des Denrées alimentaires et des Produits agricoles. — Loi du 1er août 1905, décrets du 31 juillet 1906 et 3 septembre 1907, arrêté du 1er août 1906. 1 brochure in-8.................. o fr. 50

Habitations à bon marché et petite propriété. — Loi du 12 avril 1906 et du 10 avril 1908. 1 brochure in-8.......... o fr. 50

Hygiène du Travail. — Lois des 12 juin 1893 et 11 juillet 1903 et décrets des 29 novembre 1904 et 6 août 1905, suivis des Décrets